Dieses Buch gehört:

Ein Geschenk von:

Datum:

JOEL R. BEEKE

Die Familien-andacht neu entdecken

Christlicher Verlag
Voice of Hope

1. Auflage 2024

Originaltitel: Family Worship

Veröffentlicht von
Reformation Heritage Books
Grand Rapids, MI 49512, U.S.A.

Diese Ausgabe wurde nach Vereinbarung
mit Reformation Heritage Books veröffentlicht.

Eckenhagener Str. 43
51580 Reichshof-Mittelagger
www.voh-shop.de

Übersetzung, Lektorat und Design: Voice of Hope

Bestell-Nr. 8756631
ISBN 978-3-989676-31-2

978-3-98967-210-9 – eBook

Soweit nicht anders vermerkt, wurden die Bibelzitate
der Schlachter-Bibel 2000 entnommen.

Inhalt

Vorwort

Hin und wieder kommt es bei uns zu Hause vor, dass sich das Essen zeitlich etwas verzögert. Wenn das der Fall ist, dauert es nicht lange, bis das erste Kind fragt: »Mama, wann gibt es endlich was zu essen?« Die Antwort meiner Frau auf diese Frage ist zwar nicht immer dieselbe, aber ich garantiere dir, sie hat noch nie geantwortet: »Mein Schatz, gedulde dich bitte. Spätestens in zwei, drei Tagen mache ich wieder was zu essen, versprochen!« Wie würden wir reagieren, wenn wir mitbekämen, dass eine Mutter tatsächlich so etwas zu ihrem Kind sagt? Vermutlich würden wir ungläubig die Stirn runzeln und im Herzen etwas denken wie: »Das ist ja furchtbar lieblos!«

Doch wie sieht es mit der *geistlichen* Ernährung unserer Kinder und Familien aus? Sind wir in dieser Hinsicht nicht alle schon eines so »furchtbar lieblosen« Vergehens schuldig geworden, indem wir unseren Familien tage- oder sogar wochenlang keine geistliche Speise gaben? Ist dies vielleicht sogar der gewöhnliche Zustand in unserer Familie? Bedenke dabei: Dieser Vergleich zwischen körperlicher und geistlicher Nahrung entspringt nicht meiner Idee. Vielmehr zieht Gott Selbst diesen Vergleich in Seinem Wort:

»Der Mensch lebt nicht vom Brot allein, sondern von einem jeden Wort, das aus dem Mund Gottes hervorgeht.«
Matthäus 4,4

Ich vermute, wir alle sind bei der körperlichen Ernährung unserer Familie konsequent und beständig. Wir überlassen es nicht einfach dem Zufall, sondern schauen im Kühlschrank nach, ob noch Milch und andere Dinge vorrätig sind; wir planen die einzelnen Gerichte für die kommenden Tage, gehen einkaufen und haben gewohnte Essenszeiten. Wenn wir also mit solch einer täglichen Priorität für die Speise sorgen, *»die vergänglich ist«*, wie viel mehr sollten wir unserer Familie *»die Speise [geben], die bis ins ewige Leben bleibt« (Joh. 6,27)?!*

Natürlich hat der Vergleich zwischen körperlicher und geistlicher Nahrung auch einen Haken, denn als gefallene Kreaturen melden sich unsere leeren Mägen leider deutlich schneller und intensiver als unsere hungernden Seelen. Während also unsere Kinder unaufgefordert nach einer nächsten Mahlzeit für ihren leeren Bauch verlangen, kann es durchaus sein, dass sie, sobald sie zur Familienandacht gerufen werden, mit einem gelangweilten »Schon wieder?« reagieren. Wir stehen hier in einem Kampf. Deshalb sei getrost, wenn dieser Kampf sich zuweilen hart anfühlt. Unsere eigene sündige Natur sträubt sich gegen diese geistliche und Gott ehrende Übung. Doch auch der Feind unserer Seelen sträubt sich dagegen, da er weiß, dass Kinder, die in der Zucht und Ermahnung des Herrn aufgezogen werden, seinem Reich gewaltigen Schaden zufügen können.

Aus diesen Gründen bin ich dem Herrn so dankbar für dieses nun auch in deutscher Sprache vorliegende Buch. Es waren in meinem Leben in besonderer Weise die Predigten und das vorliegende Buch von Dr. Joel Beeke, die mir folgende zwei Wahrheiten in bisher nicht dagewesener Klarheit vor Augen gestellt haben:

1. Das Maß, in dem Gott das Zentrum unserer Familie ist, wird immer dem Maß gleichen, in dem wir Gottes Segen erfahren. Liebe Geschwister, wir haben einen guten Gott, der sich daran erfreut, uns zu segnen, wenn wir Ihm im Vertrauen folgen.

2. Gott benutzt Mittel, um Sein Rettungshandeln auszuführen. Ja, das Evangelium ist die Kraft Gottes zur Errettung für jeden, der glaubt (Röm 1,16). Aber woher kommt dieser Glaube? Er kommt nicht durch Zufall zu unseren Kindern. Er kommt aus dem Wort Gottes. Und weil in der Familienandacht Gottes Wort gehört wird, kann die Familienandacht Gottes Mittel sein, um die Seelen unserer Familienangehörigen zu retten. Welch ermutigender Gedanke!

Dieses Buch wird dir eine große Ermutigung sein, wenn du es andächtig und mit Hilfe von Gebet und einem willigen Geist liest. Du wirst sehen, dass eine regelmäßige (am besten tägliche) Familienandacht wirklich möglich ist, sogar im »echten« Familienalltag. Doch sie ist nicht nur möglich, sondern auch absolut nötig! Liebe Eltern – allem voran, liebe Familienväter! –, die Umbrüche unserer Zeit und die daraus resultierende Orientierungslosigkeit und Verzweiflung junger Menschen sollte uns zutiefst alarmieren. Lasst uns doch danach streben, dass die Prägungskraft unserer Familien durch Gottes Kraft, Wahrheit und Liebe stärker ist als der Einfluss dieser Welt. Dafür braucht es keine Experten, sondern nur treue Kinder Gottes.

So lass mich dir Mut zusprechen und dir sagen: Kämpfe den guten Kampf der Familienandacht! Der Herr wird mit dir sein!

Peter Krell
Pastor der Hoffnungskirche Kaiserslautern

1

Theologische Grundlagen der Familienandacht

Jede Gemeinde strebt nach Wachstum. Erstaunlicherweise versuchen jedoch nur wenige Gemeinden, das interne Gemeindewachstum zu fördern, indem sie die Notwendigkeit betonen, Kinder in den Wahrheiten der Bibel zu erziehen. Nur wenige gläubige Eltern beschäftigen sich ernsthaft mit der Frage, warum viele Teenager nur äußerlich mitleben, oder warum sie so wenig Interesse an der biblischen Wahrheit haben und sich der Welt hingeben.

Ich glaube, dass einer der Hauptgründe für dieses Scheitern darin liegt, dass der Familienandacht zu wenig Bedeutung beigemessen wird. In vielen Gemeinden und Häusern ist die Familienandacht eine jedem freigestellte Nebensache oder besteht höchstens nur noch aus einer flüchtigen Übung wie aus einem kurzen Tischgebet vor den Mahlzeiten. Das hat zur Folge, dass viele Kinder ohne christliche Glaubenserfahrung und ohne tägliche Familienandacht aufwachsen.

Als meine Eltern ihren 50. Hochzeitstag feierten, beschlossen wir fünf Kinder, uns bei Vater und Mutter für etwas Bestimmtes zu bedanken, ohne uns vorher abzusprechen. Interessanterweise dankten wir, alle fünf, unserer Mutter für ihre

Gebete, und alle fünf von uns dankten unserem Vater dafür, dass er unsere Familienandacht am Sonntagabend geleitet hatte. Mein Bruder sagte: »Papa, die schönste Erinnerung, die ich habe, sind die Tränen, die über dein Gesicht liefen, während du uns am Sonntagabend aus der *Pilgerreise* vorgelesen und erklärt hast, wie der Heilige Geist die Gläubigen führt. Als ich drei Jahre alt war, hat Gott dich in einer Familienandacht dazu gebraucht, mich davon zu überzeugen, dass das Christentum etwas Echtes ist. Wie weit ich mich später auch verirrt haben mag – ich konnte die Echtheit des Christentums nie ernsthaft in Frage stellen, und dafür möchte ich dir danken.«

Wollen wir erleben, dass der Herr unsere Kinder erweckt und errettet? Dann sollten wir uns daran erinnern, dass Gott oft die Wiederherstellung der Familienandacht dazu benutzt, eine Erweckung in der Gemeinde zu bewirken. Zum Beispiel verpflichtete sich die puritanische Gemeinde von Dorchester, Massachusetts, im Jahre 1677, ihr Familienleben nach der biblischen Lehre auszurichten und gewissenhaft darauf zu achten, in ihren Häusern Gott anzubeten und Ihn in der Ausübung aller ihrer Verpflichtungen zu verherrlichen. Vor allem aber sollten sie ihre Kinder in der Furcht Gottes erziehen und sie lehren und ermahnen, die Wege des Herrn zu bewahren.

Wie das Zuhause funktioniert, funktioniert auch die Gemeinde und die Nation. Die Familienandacht ist natürlich nicht der einzige, aber doch der entscheidende Faktor für ein gesegnetes Familienleben. Sie ist kein Ersatz für die Ausübung der anderen elterlichen Pflichten. Familienandacht ohne das elterliche Vorbild ist sinnlos. Spontane Belehrungen, die sich im Laufe eines gewöhnlichen Tages ergeben, sind wichtig, aber auch feste Zeiten der Familienandacht. Die Familienandacht ist die Grundlage biblischer Kindererziehung.

In diesem Buch wollen wir die Familienandacht unter fünf Gesichtspunkten untersuchen:

1. DIE THEOLOGISCHEN GRUNDLAGEN
2. DIE VERPFLICHTUNG
3. DIE UMSETZUNG
4. DIE EINWÄNDE
5. DIE BEWEGGRÜNDE

Die theologischen Grundlagen der Familienandacht sind im Wesen Gottes Selbst verwurzelt. Der Apostel Johannes sagt uns, dass die Liebe Gottes untrennbar mit Seiner Dreieinigkeit verbunden ist. Die Liebe Gottes geht von Ihm aus und ist überfließend. Sie teilt ihre Glückseligkeit von jeder Person der Dreieinigkeit den anderen Personen derselben mit. Gott war nie ein einsames Individuum, dem etwas in sich Selbst gefehlt hätte. Die Fülle des Lichts und der Liebe wird auf ewig zwischen dem Vater, dem Sohn und dem Geist mitgeteilt.

Der majestätische dreieinige Gott hat sich nicht nach unseren Familien ausgerichtet, sondern Er hat das irdische Konzept der Familie Seinem eigenen Vorbild gemäß gestaltet. Unser Familienleben ist ein schwacher Abglanz des Lebens der heiligen Dreieinigkeit. Deshalb spricht Paulus von *»dem Vater unseres Herrn Jesus Christus, von dem jede Familie in den Himmeln und auf der Erde benannt wird« (Eph. 3,14-15; ELB).* Die Liebe zwischen den drei Personen der Dreieinigkeit war von Ewigkeit her so groß, dass der Vater beschloss, eine Welt von Menschen zu schaffen, die, obwohl sie begrenzt sind, Persönlichkeiten sein sollten, die den Sohn widerspiegeln. Indem Menschen dem Sohn gleichgestaltet werden, können sie an der glückseligen Heiligkeit und Freude des Familienlebens der Dreieinigkeit teilhaben.

Gott schuf Adam zu Seinem Ebenbild und Eva aus Adam. Aus ihnen ging die gesamte Menschheitsfamilie hervor, sodass die Menschheit eine Bundesgemeinschaft mit Gott haben kann. Als Zwei-Personen-Familie beteten unsere ersten Eltern Gott ehrfurchtsvoll an, wenn Er mit ihnen im Garten Eden wandelte (1.Mo. 3,8).

Adam war Gott jedoch ungehorsam und verwandelte dadurch die Freude an der Anbetung und der Gemeinschaft mit Gott in Angst, Schrecken, Schuld und Entfremdung. Als unser Repräsentant trennte Adam die Beziehung zwischen der Familie Gottes und der Familie der Menschheit. Aber die Absicht Gottes konnte nicht vereitelt werden. Während sie noch im Paradies vor Ihm standen, kündigte Gott einen neuen Bund an, den Bund der Gnade, und erzählte Adam und Eva von Seinem Sohn, der als der Same der Frau die Macht Satans über sie brechen und ihnen die Segnungen dieses Gnadenbundes sichern würde (1.Mo. 3,15). Durch den Gehorsam Christi gegenüber dem Gesetz und durch Sein Opfer für die Sünde eröffnete Gott den Weg zur Errettung von Sündern und befriedigte gleichzeitig Seine vollkommene Gerechtigkeit. Das Lamm wurde auf Golgatha geschlachtet, um die Sünde der Welt hinwegzunehmen, sodass arme Sünder wie wir wieder zu unserer wahren Bestimmung zurückkehren können: den dreieinigen Gott zu verherrlichen, Ihn anzubeten und mit Ihm Gemeinschaft zu pflegen. In 1. Johannes 1,3 heißt es: *»... und unsere Gemeinschaft ist mit dem Vater und mit Seinem Sohn Jesus Christus.«*

Gott handelt mit der Menschheit durch Bündnisse und Oberhäupter bzw. Stellvertreter. Im Alltagsleben vertreten die Eltern die Kinder, ein Vater vertritt seine Frau und seine Kinder, die Ältesten der Gemeinde die Gemeindemitglieder und die Abgeordneten die Bürger. Im geistlichen Leben wird jeder Mensch entweder durch den ersten oder den letzten Adam vertreten (siehe Röm. 5 und 1.Kor. 15). Dieses Prinzip der Stellvertretung taucht überall in der Heiligen Schrift auf.

So lesen wir zum Beispiel von der gottesfürchtigen Linie von Seth und auch von Noah und Hiob, die für ihre Kinder Opfer darbrachten (1.Mo. 8,20-21; Hi. 1,5). Gott organisierte die Menschheit durch Familien und Stämme und handelte mit ihnen hauptsächlich durch den Vater als Oberhaupt. So sagte Gott zu Abraham: *»In dir sollen gesegnet werden alle Geschlechter auf der Erde!« (1.Mo. 12,3).*

Die mosaische Ordnung setzte den Grundsatz fort, dass der Vater die Familie in der Anbetung und der Gemeinschaft mit Gott vertritt. Das 4. Buch Mose konzentriert sich besonders auf den Umgang Gottes mit Seinem Volk in Bezug auf die Familien und ihre Oberhäupter. Der Vater sollte die Familie bei der Passahfeier anführen und seine Kinder in deren Bedeutung unterweisen.

Die Führungsrolle des Vaters in der Anbetung setzte sich während der gesamten Monarchie in Israel und in den Tagen der alttestamentlichen Propheten fort. So prophezeite Sacharja, dass das Volk, wenn der Heilige Geist in einem zukünftigen Zeitalter ausgegossen würde, Ihn als den Geist der Gnade und des Gebets erleben würde, der sie, Familie für Familie, zu bitterer und herzerschütternder Klage bewegen würde. Die einzelnen Familien werden nach ihren Oberhäuptern und Vätern benannt: das Haus Davids, das Haus Nathans, das Haus Levis und das Haus Simeis (Sach. 12,10-14).

Die Beziehung zwischen Gottesdienst und Familienleben setzte sich in der neutestamentlichen Zeit fort. Petrus bekräftigte die Verheißung an Abraham, den Vater der Gläubigen (Röm. 4,11), als er den Juden in seiner Pfingstpredigt erklärte: *»Denn euch gilt die Verheißung und euren Kindern und allen, die ferne sind …« (Apg. 2,39).* Und Paulus sagt uns in 1. Korinther 7,14, dass der Glaube eines Elternteils den Bundesstatus der Heiligkeit, des Vorrechts und der Verantwortung für seine Kinder begründet. Die neutestamentliche Gemeinde, welche die Kinder mit ihren Eltern einbezog (Eph. 6,1-4), und die Erfahrung der einzelnen Gläubigen, wie z. B. Timotheus (2.Tim. 1,5; 3,15), bestätigen die Bedeutung des Glaubens und der Anbetung innerhalb der Familie.

Douglas Kelly kommt zu dem Schluss: »Die Familienandacht, die nicht zuletzt davon abhängt, dass das Familienoberhaupt die Familie täglich in die Anbetung vor Gott führt, ist eine der mächtigsten Strukturen, die der treue Gott gegeben hat, um das Evangelium der Gnade Gottes über Generationen hinweg zu verbreiten, damit unzählige Menschen in die Gemeinschaft mit dem lebendigen Gott im Angesicht Jesu Christi geführt werden und anbeten können.«

2

Die Verpflichtung zur Familienandacht

Angesichts der Wichtigkeit der Familienandacht als wirksame Kraft, um unzählige Millionen Menschen für die Wahrheit des Evangeliums zu gewinnen, sollte es uns nicht überraschen, dass Gott von den Familienvätern erwartet, dass sie alles in ihrer Macht Stehende tun, um ihre Familien zur Anbetung des lebendigen Gottes zu führen. In Josua 24,14-15 heißt es: *»So fürchtet nun den HERRN und dient Ihm aufrichtig und in Wahrheit, und tut die Götter von euch hinweg, denen eure Väter jenseits des Stromes und in Ägypten gedient haben, und dient dem HERRN! Wenn es euch aber nicht gefällt, dem HERRN zu dienen, so erwählt euch heute, wem ihr dienen wollt: den Göttern, denen eure Väter jenseits des Stromes gedient haben* [d. h. in Mesopotamien damals, in Ur in Chaldäa], *oder den Göttern der Amoriter, in deren Land ihr wohnt* [d. h. hier in Kanaan]. *Ich aber und mein Haus, wir wollen dem HERRN dienen!«*

Beachte drei Dinge in diesem Text:

ERSTENS: Josua hat die Anbetung des lebendigen Gottes oder den Dienst für Ihn nicht als Option hingestellt. In Vers 14 hatte er den Israeliten soeben befohlen, den Herrn zu fürchten. In Vers

15 betont er nun, dass der Herr in unseren Familien aus freiem Willen und bewusst angebetet werden will.

ZWEITENS verschafft Josua in Vers 15 durch sein eigenes Vorbild der Familienandacht Geltung. Vers 1 macht deutlich, dass er sich an die Familienoberhäupter wendet. Und in Vers 15 erklärt Josua, dass er genau das zu tun gedenkt, was er von jeder anderen Familie in Israel verlangt: »... *dem HERRN dienen!*« Josua hat so viel Befehlsgewalt über seine Familie, dass er für die gesamte Familie spricht: *»Ich aber und mein Haus, wir wollen dem Herrn dienen!«*, sagt er.

Mehrere Faktoren verstärken diese kühne Erklärung:

- Als Josua diese Erklärung abgibt, ist er mehr als 100 Jahre alt. Er hat einen bemerkenswerten Eifer für einen alten Mann.

- Josua weiß, dass seine direkte Kontrolle über seine Familie bald enden wird. Gott hat ihm gesagt, dass er bald sterben werde. Dennoch ist

Josua zuversichtlich, dass sein Einfluss in seiner Familie weiterbestehen wird, und dass sie den Dienst für den Herrn auch nach seinem Tod nicht aufgeben wird.

- Josua weiß, dass in Israel noch viel Götzendienst betrieben wird. Er hat dem Volk gerade gesagt, dass es die falschen Götter hinwegtun soll (V. 14). Er weiß, dass seine Familie gegen den Strom schwimmen wird, wenn sie weiterhin dem Herrn dient – und doch erklärt er mit Nachdruck, dass seine Familie das trotzdem tun wird.

- Die geschichtlichen Aufzeichnungen zeigen, dass Josuas Einfluss so groß war, dass der größte Teil des Volkes mindestens eine Generation lang seinem Beispiel folgte. In Josua 24,31 heißt es: *»Und Israel diente dem HERRN, solange Josua lebte und die Ältesten, welche Josua überlebten* [d. h. die nächste Generation], *die auch alle Werke des HERRN kannten, die Er an Israel getan hatte.«* Was für eine Ermutigung für gottesfürchtige Eltern, wenn sie wissen, dass die Familienandacht, die sie in ihrem Zuhause eingeführt haben, Generationen nach ihnen überdauern kann!

DRITTENS: Das Wort »dienen« in Vers 15 ist ein umfassendes Wort. Es wird in der Heiligen Schrift viele Male mit »Gottesdienst« übersetzt. Das ursprüngliche Wort schließt nicht nur den Dienst für Gott in jedem Bereich unseres Lebens ein, sondern auch *besondere gottesdienstliche Handlungen*. Diejenigen, die Josuas Worte mit vagen, zweideutigen Begriffen auslegen, übersehen diese wichtige Lehre. Josua hatte mehrere Dinge im Sinn, darunter den Gehorsam gegenüber allen zeremoniellen Gesetzen, die das Opfern von Tieren beinhalten, und den Hinweis auf den kommenden Messias, dessen blutiges Opfer ein für alle Mal für die Sünder Gültigkeit haben würde.

Sicherlich muss jeder gottesfürchtige Ehemann, Vater und Pastor mit Josua sagen: »Was mich und meine Familie betrifft, wir wollen dem Herrn dienen. Wir wollen den Herrn suchen, Ihn anbeten und als Familie zu Ihm beten. Wir wollen Sein Wort lesen, das voller Anweisungen ist, und Seine Lehren in unserer Familie verfestigen.« Jeder repräsentative Vater muss sich dessen bewusst sein, was Kelly sagt: »Das Prinzip der Stellvertretung (Repräsentation), das Gott mit unserem menschlichen Geschlecht verbindet, zeigt, dass jeder Vater seine Familie vor Gott in der Anbetung vertreten sollte und dass die geistliche Atmosphäre und das langfristige persönliche Wohlergehen seiner Familie in hohem Maße von der Treue – bzw. dem Versagen – des Familienoberhaupts in dieser Hinsicht abhängen wird.«

Der Heiligen Schrift gemäß sollte Gott heute innerhalb der Familie, besonders in der Familienandacht, auf folgenden drei Arten gedient werden:

1. Tägliche Unterweisung im Wort Gottes

Gott sollte durch tägliche Bibellese und Unterweisung aus Seinem Wort gedient werden. Mit Hilfe von Fragen, Antworten und Unterweisungen sollen Eltern und Kinder täglich miteinander über die heiligen Wahrheiten sprechen. In 5. Mose 6,6-7 heißt es:

> *»Und diese Worte, die ich dir heute gebiete, sollst du auf dem Herzen tragen, und du sollst sie deinen Kindern einschärfen und davon reden, wenn du in deinem Haus sitzt oder auf dem Weg gehst, wenn du dich niederlegst und wenn du aufstehst«* (vgl. 5.Mo. 11,18-19).

Die Handlungen, die dieser Text anordnet, sind *alltägliche* Handlungen, die mit dem abendlichen Hinlegen, dem morgendlichen Aufstehen, dem Sitzen im Haus und dem Laufen auf dem Weg einhergehen. In einem geordneten Haushalt werden diese Handlungen zu bestimmten Tageszeiten ausgeführt. Sie bieten Gelegenheit für regelmäßige, beständige und tägliche Unterweisungen. Mose meinte damit nicht nur ein kurzes Gespräch, sondern eine gewissenhafte Unterredung und eine sorgfältige Unterweisung, die dem brennenden Herzen der Eltern entspringt. Mose sagt, dass die von Gott gegebenen Worte auf dem *Herzen* eines Vaters getragen werden sollen (5.Mo. 6,6). Und die Väter müssen ihren Kindern diese Worte einschärfen.

Eine Parallele dazu im Neuen Testament findet sich in Epheser 6,4:

> »*Und ihr Väter, reizt eure Kinder nicht zum Zorn, sondern zieht sie auf in der Zucht und Ermahnung* [d. h. Unterweisung] *des Herrn.*«

Wenn Väter diese Pflicht nicht persönlich erfüllen können, sollten sie ihre Frauen dazu ermutigen, diesen Grundsatz zu befolgen. Timotheus zum Beispiel profitierte sehr von der täglichen Unterweisung durch eine gottesfürchtige Mutter und eine gottesfürchtige Großmutter.

2. Tägliches Gebet vor dem Thron Gottes

In Jeremia 10,25 heißt es: *»Gieße Deinen Zorn über die Heiden aus, die Dich nicht kennen, und über die Geschlechter* [Familien, Sippen], *die Deinen Namen nicht anrufen.«* Es stimmt zwar, dass sich dieses Wort in Jeremia 10,25 auf Sippen bezieht, aber es gilt auch für die einzelnen Familien. Wir können von größeren Einheiten auf kleinere Einheiten schließen. Wenn der Zorn Gottes auf Sippen oder Familienverbände fällt, die das gemeinsame Gebet vernachlässigen, wird dann nicht viel mehr Sein Zorn auf einzelne Familien fallen, die sich weigern, Seinen Namen anzurufen?! Alle Familien müssen den Namen Gottes anrufen, sonst sind sie dem Missfallen Gottes ausgesetzt.

Familien müssen täglich gemeinsam beten, wenn sie nicht durch die Vorsehung Gottes daran gehindert werden. Betrachten wir Psalm 128,3:

> *»Deine Frau ist wie ein fruchtbarer Weinstock im Innern deines Hauses; deine Kinder wie junge Ölbäume rings um deinen Tisch.«*

Familien essen und trinken täglich von den Gaben, mit denen der gnädige Gott sie versorgt. Um das auf eine christliche Art und Weise zu tun, muss eine Familie 1. Timotheus 4,4-5 befolgen:

> *»Denn alles, was Gott geschaffen hat, ist gut, und nichts ist verwerflich, wenn es mit Danksagung empfangen wird; denn es wird geheiligt durch Gottes Wort und Gebet.«*

Wenn man zur Ehre Gottes essen und trinken will (1.Kor. 10,31) und wenn die Speisen, die man zu sich nehmen will, für diesen Zweck bestimmt sind, muss man sie durch Gebet heiligen, sagt Paulus. Und so wie wir darum beten, dass die Speisen und Getränke zur Ernährung unseres Leibes geheiligt und gesegnet werden, so sollten wir auch um den Segen Gottes zum Lesen und Hören Seines Wortes zur Ernährung unserer Seele beten.

»… dass der Mensch nicht vom Brot allein lebt, sondern dass er von all dem lebt, was aus dem Mund des HERRN hervorgeht« (5.Mo. 8,3; siehe auch Mt. 4,4).

Außerdem:

Begehen Familien nicht täglich Sünden?

Müssen sie nicht täglich um Vergebung bitten?

Segnet Gott sie nicht jeden Tag
auf vielfältige Weise?

Sollten diese Segnungen nicht mit täglicher
Danksagung gewürdigt werden?

Sollten die Familien nicht täglich Gott auf
allen ihren Wegen erkennen (Spr. 3,6) und
Ihn inständig bitten, ihre Wege zu lenken?

Sollten sie sich nicht täglich Seiner Fürsorge
und Seinem Schutz anbefehlen?

Dementsprechend sagte Thomas Brooks: »Eine Familie ohne Gebet ist wie ein Haus ohne Dach, offen und allen Stürmen des Himmels ausgesetzt.«

3. Tägliches Singen des Lobes Gottes

In Psalm 118,15 heißt es: *»Stimmen des Jubels und des Heils ertönen in den Zelten der Gerechten: Die Rechte des HERRN hat den Sieg errungen!«* Das ist eine klare Anspielung auf den Gesang. Der Psalmist sagt, dass sich dieser Klang in den Zelten der Gerechten *befindet* (nicht nur *befinden sollte*). Philip Henry, der Vater des berühmten Matthew Henry, war der Ansicht, dass dieser Text eine biblische Grundlage für das Singen in Familien darstellt. Er argumentierte, dass freudiges Singen aus den einzelnen Zelten der Gerechten hervorgeht. Dazu gehört der Gesang in der Familie ebenso wie der Gesang in der Gemeinde. Daher sollte der Klang der Freude und des Heils täglich aus den Familienhäusern erklingen.

Psalm 66,1-2 spricht in ähnlicher Weise:

> *»Jauchzt Gott, alle Welt! Besingt die Herrlichkeit Seines Namens, macht herrlich Sein Lob!«*

- Hier wird allen Ländern, allen Völkern, allen Familien, allen Menschen die Pflicht auferlegt, Gott im Gesang zu preisen.

- Zweitens sollen unsere Psalmen, Lobgesänge und geistlichen Lieder (Kol. 3,16) auf biblischen Texten beruhen und zur Verherrlichung unseres Herrn dienen.

- Drittens sollen wir Ihn in würdiger Weise preisen, mit lauter Stimme (2.Chr. 20,19) und mit freudigem Herzen (Kol. 3,16), damit Sein Ruhm verherrlicht werde.

Der Herr soll täglich durch das Singen von geistlichen Liedern angebetet werden. Gott wird dadurch verherrlicht, und die Familien werden erbaut. Wenn es sich bei diesen Liedern um bibeltreue Texte handelt, ist das Singen derselben ein Mittel zur Belehrung, das den Verstand erleuchtet. Singen fördert die Hingabe, da es das Herz erwärmt. Die Geistesgaben werden in uns geweckt, und unser Wachstum in der Gnade wird angeregt.

> *»Lasst das Wort des Christus reichlich in euch wohnen in aller Weisheit; lehrt und ermahnt einander und singt mit Psalmen und Lobgesängen und geistlichen Liedern dem Herrn lieblich in eurem Herzen« (Kol. 3,16).*

Familienväter, wir müssen die Familienandacht zu Hause umsetzen. Gott verlangt von uns, dass wir Ihn nicht nur privat als Einzelpersonen anbeten, sondern auch öffentlich als Mitglieder des Bundes und der Gemeinschaft und als Familien in der Gesellschaft. Der Herr Jesus ist dessen würdig, Gottes Wort befiehlt es, und das Gewissen bestätigt es als unsere Pflicht.

Unsere Familien schulden Gott ihre Loyalität. Und Gott hat *uns* in eine Position der Autorität gestellt, um unsere Kinder auf den Weg des Herrn zu führen. Wir sind für unsere Kinder mehr als nur Freunde und Berater; als ihr Lehrer und Vorsteher im Haus sind unser Beispiel und unsere Führung entscheidend. Mit heiliger Autorität bekleidet, schulden wir unseren Kindern prophetische Lehre, priesterliche Fürbitte und königliche Führung (siehe Heidelberger Katechismus, Frage 32).

> Wir müssen die Familienandacht
> mit Hilfe der Heiligen Schrift,
> des Gebets und des Gesangs leiten.

Diejenigen von uns, die Pastoren sind, müssen die Familienväter in unseren Gemeinden liebevoll darüber informieren, dass sie ihrer Hausgemeinschaft befehlen müssen, Gott zu dienen, wie es Abraham tat.

> »*Denn Ich habe Ihn ersehen* [bzw. erkannt]«, sagte Gott, »*dass er seinen Kindern und seinem Haus nach ihm gebiete, den Weg des HERRN zu bewahren, indem sie Gerechtigkeit und Recht üben, damit der HERR auf Abraham kommen lasse, was Er ihm verheißen hat*« *(1.Mo. 18,19).*

3

Die Umsetzung der Familienandacht

Im Folgenden findet ihr einige Vorschläge, die euch dabei helfen sollen, eine Familienandacht in eurem Zuhause einzuführen, die Gott ehrt. Wir vertrauen darauf, dass damit zwei Extreme vermieden werden: ein idealistischer Ansatz, der selbst für die gottesfürchtigsten Haushalte unerreichbar ist, und ein minimalistischer Ansatz, der die tägliche Familienandacht vernachlässigt, weil das Ideal so unerreichbar erscheint.

VORBEREITUNG AUF DIE FAMILIENANDACHT

Noch bevor die Familienandacht beginnt, sollten wir persönlich um den Segen Gottes für diese Andacht beten. Dann sollten wir das *Was*, *Wo* und *Wann* der Familienandacht planen.

1. Das Was

Im Allgemeinen gehören dazu: die Unterweisung im Wort Gottes, das Gebet vor dem Thron Gottes und das Singen zur Ehre Gottes. Aber wir müssen mehr über die Besonderheiten der Familienandacht festlegen.

Haltet zunächst Bibeln und Liederbücher für alle Kinder bereit, die lesen können. Für Kinder, die noch nicht lesen können, lest ein paar Verse aus der Heiligen Schrift vor und wählt einen Text aus, den ihr als Familie auswendig lernt. Sagt den Text mehrmals gemeinsam laut auf und vertieft ihn dann mit Hilfe einer kurzen biblischen Geschichte, die den Text illustriert. Nehmt euch Zeit, den Kindern ein Lied aus dem Liederbuch beizubringen, und ermutigt sie, mit euch zusammen zu singen.

Für Kinder ab vier Jahren könnt ihr die *»Lektionen fürs Leben«* von Jill Masters[1] verwenden, die einen Leitfaden für Lehrer und Eltern enthalten, der durch die einzelnen Lektionen führt. Erklärt sie euren Kindern, und stellt ihnen Fragen. Singt dann ein oder zwei Lieder wie »Fest und treu, wie Daniel war«. Schließt mit Gebet.

Für ältere Kinder: Lest einen Abschnitt aus der Heiligen Schrift, lernt gemeinsam Verse auswen-

---

1 Vom Herausgeber empfohlen, da die englischen Empfehlungen nicht auf Deutsch verfügbar sind.

dig und wendet z. B. einen Vers aus den Sprüchen an. Stellt Fragen dazu, wie man diese Verse im täglichen Leben anwenden kann, oder lest vielleicht einen Abschnitt aus den Evangelien und den entsprechenden Abschnitt z. B. aus dem Matthew Henry Kommentar. Henry ist leicht verständlich und doch tiefgründig. Seine klaren Ausführungen regen zur Diskussion an. Vielleicht möchtet ihr auch Teile einer anregenden Biografie lesen. Lasst jedoch nicht zu, dass die Lektüre von erbaulicher Literatur das Bibellesen oder dessen Anwendung ersetzt.

John Bunyans »Pilgerreise« oder »Der Heilige Krieg« oder ein tägliches Andachtsbuch von Charles Spurgeon oder anderen Autoren eignen sich besonders für Jugendliche zur geistlichen Erbauung in der Familienandacht. Nach der Lektüre solltet ihr einige bekannte Lieder singen und vielleicht ein neues Lied lernen, bevor ihr mit Gebet schließt.

Ihr solltet auch von den Glaubensbekenntnissen Gebrauch machen. Kleine Kinder sollten lernen, das Apostolische Glaubensbekenntnis und das Vaterunser aufzusagen. Wenn ihr z. B. das

Baptistische Glaubensbekenntnis[2] durchnehmt, könnt ihr eure Kinder mit der Zeit den Kleinen Katechismus oder die »Biblische Glaubenslehre für Kinder« (Kinderkatechismus) auswendig lernen lassen. Wenn ihr den Predigttext eurer Gemeinde kennt, dann lest ihn am Sonntagmorgen, dem Tag des Herrn, gemeinsam. Oder wenn ihr das Buch »Das Tal der Weitsicht« von Arthur Bennett besitzt, könnt ihr gelegentlich von den Gebeten Gebrauch machen. Wenn ihr diese Gebete der Puritaner zu Hause verwendet, werdet ihr und eure Kinder lernen, sie auf eine erbauliche und nützliche Weise zu gebrauchen – eine Fähigkeit, die euch allen zugute kommen wird.

2. Das Wo

Die Familienandacht kann am Esstisch gehalten werden; es könnte jedoch besser sein, sich dazu ins Wohnzimmer zu begeben, wo es weniger Ablenkungen gibt. Welchen Raum ihr auch immer wählt, stellt einfach vorher schon sicher, dass alle

---

2 Vom Herausgeber empfohlen, da die englischen Empfehlungen nicht alle auf Deutsch verfügbar sind.

dazu nötigen Materialien dort bereitliegen. Bevor ihr beginnt, solltet ihr das Telefon ausschalten oder dafür sorgen, dass euer Anrufbeantworter oder eure Mailbox Nachrichten entgegennimmt. Eure Kinder müssen verstehen, dass die Familienandacht die wichtigste Aktivität des Tages ist und durch nichts unterbrochen werden sollte.

3. Das Wann

Idealerweise sollte die Familienandacht zweimal am Tag stattfinden, morgens und abends. Das entspricht am besten den biblischen Anweisungen für die gottesdienstlichen Handlungen – sowohl der alttestamentlichen Haushaltung, in der der Beginn und das Ende eines jeden Tages durch die Darbringung von Morgen- und Abendopfern sowie Morgen- und Abendgebeten geheiligt wurden, als auch der neutestamentlichen Gemeinde, die offensichtlich diesem Muster der Morgen- und Abendgebete folgte. Im »Westminster Directory of Worship« heißt es: »Die Familienandacht, die in der Regel von jeder Familie morgens und abends gehalten werden soll, besteht aus Gebet, Schriftlesung und Lobgesang«.

In manchen Familien ist die Familienandacht kaum mehr als einmal am Tag möglich, und zwar nach dem Abendessen. In jedem Fall müssen die Familienväter auf den Zeitplan der Familie Rücksicht nehmen und alle daran teilhaben lassen. Haltet euch bei der Festlegung des Familienzeitplans an den Grundsatz aus Matthäus 6,33 (*»Trachtet … zuerst nach dem Reich Gottes und nach Seiner Gerechtigkeit«*).

Wacht sorgfältig über diese Zeit der Familienandacht. Wenn ihr im Voraus wisst, dass die normale Zeit an einem bestimmten Tag nicht passend ist, dann verschiebt die Andachtszeit. Lasst sie aber nicht ausfallen, denn das kann zur Gewohnheit werden. Wenn ihr die festgelegte Zeit jedoch einhalten könnt, plant sorgfältig und bereitet euch im Voraus vor, damit jede Minute genutzt wird. Bekämpft alle »Feinde« der Familienandacht.

WÄHREND DER FAMILIENANDACHT

Strebt während der Familienandacht Folgendes an:

1. Knappheit

Richard Cecil sagte dazu: »Die Familienandacht sollte kurz, geschmackvoll, einfach, liebevoll und himmlisch sein.« Eine zu lange Familienandacht macht die Kinder unruhig und kann sie zum Zorn reizen.

Wenn ihr zweimal täglich eine Andacht haltet, dann versucht es mit zehn Minuten am Morgen und etwas länger am Abend, je nach Alter der Kinder. Eine 25-minütige Familienandacht könnte wie folgt aufgeteilt werden:

- **10 Minuten** für die Schriftlesung und die Unterweisung
- **5 Minuten** für die Lektüre eines Tagesabschnittes oder eines erbaulichen Buches oder für das Besprechen eines Anliegens oder aktuellen Themas im Licht der Bibel
- **5 Minuten** für das Singen
- **5 Minuten** für das Gebet.

2. Beständigkeit

Es ist besser, jeden Tag zwanzig Minuten Familienandacht zu halten, als zu versuchen, an wenigen Tagen längere Zeit damit zu verbringen – zum Beispiel 45 Minuten am Montag und dann die Andacht am Dienstag ausfallen zu lassen. Die Familienandacht liefert uns »das Manna, das jeden Tag vor die Tür des Zeltes fällt, damit unsere Seelen am Leben erhalten werden«, schrieb James W. Alexander in seinem ausgezeichneten Buch über die Familienandacht.

Lasst euch keine Ausflüchte einfallen, um die Familienandacht zu vermeiden. Wenn du eine halbe Stunde vor der Familienandacht deine Wut an einem Kind ausgelassen hast, dann sage nicht: Es wäre doch scheinheilig, wenn ich jetzt die Familienandacht leiten würde; also lassen wir sie heute Abend ausfallen. Du brauchst in solchen Momenten nicht vor Gott davonzulaufen. Vielmehr musst du zu Ihm zurückkehren, wie der bußfertige Zöllner.

Beginne die Andachtszeit, indem du alle, die Zeuge deines Wutausbruchs waren, um Vergebung bittest, und bete dann zu Gott um Vergebung. Die Kinder werden dich dafür respektieren.

Sie werden die Schwächen und sogar die Sünden ihrer Eltern tolerieren, solange die Eltern ihre Verfehlungen bekennen und sich ernsthaft darum bemühen, dem Herrn nachzufolgen. Sie wissen es – wie auch ihr es wisst –, dass der Hohepriester des Alten Testaments nicht disqualifiziert war, weil er ein Sünder war, sondern erst für sich selbst opfern musste, bevor er für die Sünden des Volkes opfern konnte. Auch du und ich sind heute nicht disqualifiziert, weil wir unsere Sünde bekannt haben, denn wir haben in Christus volle Genüge, nicht in uns selbst. A.W. Pink sagte daher: »Es sind nicht etwa die Sünden eines Christen, sondern seine uneingestandenen Sünden, die den Segenskanal verstopfen und so viele dazu bringen, Gottes Bestes zu verpassen.«

Leitet die Familienandacht mit fester, väterlicher Hand und einem sanften, bußfertigen Herzen. Selbst wenn ihr nach einem Arbeitstag völlig erschöpft seid, betet um Kraft, um eure väterliche Pflicht erfüllen zu können. Erinnert euch daran, dass Jesus Christus für euch ans Kreuz gegangen ist, völlig erschöpft, aber dennoch nicht vor Seinem Auftrag zurückgeschreckt ist. Wenn ihr euch selbst verleugnet, werdet ihr erleben, wie Er euch während der Familienandacht stärkt, so dass eure Erschöpfung überwunden ist, wenn ihr damit fertig seid.

3. Hoffnungsvolle Ernsthaftigkeit

»Dient dem HERRN mit Furcht und frohlockt mit Zittern«, heißt es in Psalm 2,11. Wir müssen dieses Gleichgewicht zwischen Hoffnung und Ehrfurcht, Furcht und Glauben, Bußfertigkeit und Zuversicht in der Familienandacht zum Ausdruck bringen. Sprecht während dieser Zeit ganz natürlich und doch ehrfürchtig, in dem Ton, den ihr verwenden würdet, wenn ihr mit einem sehr geschätzten Freund über eine ernste Angelegenheit sprecht. Erwartet große Dinge von einem großen und treuen Gott.

Lasst uns konkreter werden:

1. Für das Lesen der Heiligen Schrift

Macht euch einen Plan

Lest morgens zehn bis zwanzig Verse bzw. ein Kapitel aus dem Alten Testament und abends ebenso viel aus dem Neuen Testament. Oder lest eine

Reihe von Gleichnissen, Wundern oder biografischen Abschnitten. Lest zum Beispiel 1. Könige 17 bis 2. Könige 2, um den Propheten Elia zu studieren. Oder verfolgt ein Thema, das sich durch die ganze Heilige Schrift zieht. Oder lest die Teile der Heiligen Schrift, die die Leiden Christi von der Geburt bis zum Kreuz beschreiben. Oder eine Reihe von Abschnitten, die verschiedene Eigenschaften Gottes hervorheben. Achtet nur darauf, dass ihr die ganze Bibel über einen bestimmten Zeitraum hinweg lest. J.C. Ryle sagte: »Erfüllt den Geist der Kinder mit der Heiligen Schrift. *›Lasst das Wort des Christus reichlich in [ihnen] wohnen‹ (Kol. 3,16).* Gebt ihnen die Bibel, die ganze Bibel, solange sie noch jung sind!«

Berücksichtigt besondere Anlässe

Am Sonntagmorgen könntet ihr z. B. Psalm 48; 63; 84; 92; 118 oder Johannes 20 lesen. Lest am Sonntag, wenn das Mahl des Herrn dargereicht werden soll, Psalm 22, Jesaja 53, Matthäus 26 oder einen Teil von Johannes 6. Bevor ihr mit eurer Familie in den Urlaub fahrt, versammelt sie im Wohnzimmer und lest Psalm 91 oder Psalm 121. Wenn jemand in der Familie krank ist, lest

Johannes 11. Wenn jemand durch eine langwierige Prüfung sehr verzweifelt ist, lest Jesaja 40-66. Wenn ein gläubiger Mensch im Sterben liegt, lest Offenbarung 7; 21 und 22.

Bezieht die Familie mit ein

Jedes Familienmitglied, das lesen kann, sollte eine Bibel haben, um mitlesen zu können. Gebt den Ton an, indem ihr die Heilige Schrift ausdrucksvoll lest, als das lebendige, vom Geist Gottes »gehauchte« Buch, das sie ist. Teilt eurer Frau und euren Kindern verschiedene Abschnitte zu, die sie lesen sollen – auch Vorschulkindern, die noch nicht lesen können. Nehmt euer 4-jähriges Kind auf den Schoß und flüstert ihm jeweils ein paar Worte ins Ohr und bittet es, diese laut zu wiederholen. Ein oder zwei Verse, die auf diese Weise »vorgelesen« werden, reichen aus, damit sich ein Vorschulkind in das Bibellesen der Familie einbezogen fühlt. Ältere Kinder können jeweils vier oder fünf Verse lesen, oder ihr könnt jeweils dem einen oder anderen Kind die gesamte Lesung übertragen.

Bringt euren Kindern bei, wie man deutlich und ausdrucksvoll liest. Lasst es nicht zu, dass sie nuscheln oder zu schnell lesen. Lehrt sie, mit Ehrfurcht zu lesen. Gebt während des Lesens kurze Erklärungen ab, je nach den Bedürfnissen der kleineren Kinder.

Fördert das persönliche Bibellesen und -studium

Achtet darauf, dass ihr und eure Kinder den Tag mit dem Wort Gottes abschließt. Ihr könnt den *Bibellese-Kalender* von Robert Murray M'Cheyne[3] verwenden, damit eure Kinder einmal pro Jahr selbstständig die Bibel durchlesen. Helft jedem Kind, eine persönliche Bibliothek mit bibeltreuen Büchern aufzubauen.

2. Für biblische Unterweisung

Seid verständlich bezüglich der Bedeutung

Fragt eure Kinder, ob sie es verstehen, was ihr gerade lest. Seid bei der Anwendung von Schriftstellen eindeutig. Ein Leitfaden der »Church of Scotland« von 1647 gibt hier Ratschläge:

3 Siehe www.voh-missionswerk.de/bibelleseplan/

Es ist lobenswert, wenn die Familie [im Anschluss an die Lesung] das Gelesene bespricht und es sinnvoll anwendet. Wenn sich die Lesung zum Beispiel auf den Tadel bezüglich einer Sünde bezieht, dann kann dieser Teil dazu verwendet werden, die ganze Familie auf diese Art von Sünde aufmerksam zu machen. Bezieht sich die Schriftlesung auf ein angedrohtes oder verhängtes Gericht, kann sie dazu dienen, die ganze Familie in Furcht zu versetzen, dass das gleiche oder ein noch schlimmeres Gericht über sie hereinbrechen könnte, wenn sie die Sünde, die das Gericht verursacht hat, nicht meidet. Wenn schließlich eine Pflicht verlangt oder ein Trost in einer Verheißung in Aussicht gestellt wird, können die Familienmitglieder dazu angehalten werden, Christus um Kraft zur Erfüllung der befohlenen Pflicht zu bitten und den angebotenen Trost anzuwenden. Bei alledem hat der Familienvater die Aufgabe, das Gespräch zu leiten, und jedes Familienmitglied kann Fragen stellen oder ein Problem zur Sprache bringen, damit es mit Hilfe der Schrift gelöst werden kann.

Ermutigt die Familie mit Fragen und Antworten zum Dialog über das Wort Gottes (vgl. 2.Mo. 12,25-27; 5.Mo. 6,20-25; Ps. 78). Ermutigt vor allem die Teenager, Fragen zu stellen; fordert sie dazu heraus. Wenn ihr die Antworten nicht wisst, sagt es ihnen, und ermutigt sie, selbst nach Antworten zu suchen. Haltet eine oder mehrere gute Studienhilfen bereit, z. B. die Genfer oder die MacArthur Studienbibel[4] oder den Matthew Henry Kommentar. Denkt daran: Wenn ihr euren Kindern keine Antworten gebt, werden sie sie woanders bekommen – und oft werden es falsche Antworten sein.

Achtet auf Reinheit der Lehre

In Titus 2,7 heißt es: *»In allem mache dich selbst zu einem Vorbild guter Werke. In der Lehre erweise Unverfälschtheit, würdigen Ernst, Unverderbtheit.«* Lasst bei der Unterweisung kleiner Kinder nicht die lehrmäßige Präzision außer Acht; bemüht euch darum, einfach und fundiert zu lehren.

---

4 Vom Herausgeber empfohlen, da die englischen Empfehlungen nicht alle auf Deutsch verfügbar sind.

Seid in der Anwendung angemessen

Scheut euch nicht davor, eure eigenen Erfahrungen mitzuteilen, wenn es angebracht ist, aber macht das auf einfache Weise. Verwendet konkrete Illustrationen. Im Idealfall verknüpft biblische Anweisungen mit dem, was ihr kürzlich in der Predigt gehört habt.

Seid liebevoll im Umgangston

In den Sprüchen wird immer wieder der Ausdruck »mein Sohn« verwendet, der die Wärme, Liebe und Dringlichkeit bezüglich der Lehren eines gottesfürchtigen Vaters zeigt. Wenn ihr als väterlicher Freund eure Kinder disziplinieren müsst, so tut das mit herzlicher Liebe. Sagt ihnen, dass ihr ihnen den ganzen Ratschluss Gottes vermitteln müsst, weil ihr den Gedanken nicht ertragen könnt, die Ewigkeit getrennt von ihnen zu verbringen. Mein Vater sagte oft unter Tränen zu uns: »Kinder, ich kann keinen von euch im Himmel vermissen.« Sagt es euren Kindern: »Wir werden euch jedes Privileg gewähren, das die geöffnete Bibel uns erlaubt – aber wenn wir Nein zu eurem Wunsch sagen, müsst ihr wissen, dass das aus unserer Liebe heraus geschieht.« Ryle sagte treffend:

»Die Liebe ist das große Geheimnis einer erfolgreichen Erziehung. Die Liebe von ganzer Seele ist die Seele aller Liebe.«

Verlangt Aufmerksamkeit

In Sprüche 4,1 heißt es: *»Ihr Söhne, gehorcht der Unterweisung des Vaters, und gebt acht, damit ihr zu unterscheiden wisst!«* Väter und Mütter haben bei der Familienandacht wichtige Wahrheiten zu vermitteln. Sie müssen verlangen, dass die Wahrheiten Gottes in ihrem Haus angehört werden. Dazu gehören vielleicht wiederholte Anweisungen am Anfang wie diese: »Setz dich aufrecht hin, mein Sohn, und schau mich an, während ich rede. Wir sprechen über das Wort Gottes, und Gott verdient es, dass man Ihm zuhört.« Erlaubt den Kindern nicht, ihren Platz während der Familienandacht zu verlassen, außer in Notfällen.

3. Für das Beten

Fasse dich kurz

Von wenigen Ausnahmen abgesehen, solltet ihr nicht länger als fünf Minuten beten. Langwierige Gebete schaden mehr, als sie nützen.

Belehrt nicht im Gebet; Gott braucht die Belehrung nicht. Lehrt mit offenen Augen; betet mit geschlossenen Augen.

Seid einfach, ohne dabei oberflächlich zu werden

Betet für Dinge, von denen eure Kinder etwas verstehen, aber lasst nicht zu, dass eure Gebete belanglos werden. Reduziert eure Gebete nicht auf egozentrische, oberflächliche Bitten.

Seid direkt

Bringt eure Nöte vor Gott, bittet flehentlich um eure Anliegen und bittet um Gnade. Nennt eure Jugendlichen und Kinder und deren Bedürfnisse täglich einzeln. Das hat ein enormes Gewicht bei ihnen.

Seid natürlich und doch ernsthaft

Sprecht klar und ehrfürchtig. Verwendet keine unnatürliche, hohe Stimme oder einen monotonen Tonfall. Betet nicht zu laut oder zu leise, nicht zu schnell oder zu langsam.

Seid abwechslungsreich

Betet nicht jeden Tag das Gleiche, denn das wird langweilig. Entwickelt mehr Abwechslung im

Gebet, indem ihr euch an die verschiedenen Bestandteile echten Gebets erinnert und sie betont, wie z. B.:

Anbetung und Abhängigkeit
Beginnt damit, einen oder zwei Titel oder Eigenschaften Gottes zu erwähnen, wie z. B.: »Gnädiger und heiliger Herr …« Fügt eine Erklärung hinzu, dass ihr Gott anbeten wollt, und dass ihr auf Seine Hilfe im Gebet angewiesen seid. Sagt zum Beispiel: »Wir beugen uns demütig vor Deinem Angesicht, der Du es wert bist, angebetet zu werden, und bitten Dich, unsere Seelen zu Dir zu erheben. Steh uns bei durch Deinen Geist. Hilf uns, Deinen Namen anzurufen durch Jesus Christus, in dem allein wir Zugang zu Dir finden können.«

Bekennt die Sünden der Familie
Bekennt die Verderbtheit unserer Natur, dann die tatsächlichen Sünden – besonders die täglichen Sünden und die Sünden der Familie. Erkennt die Strafe an, die wir aus der Hand eines heiligen Gottes verdient haben, und bittet Gott, euch um Christi willen alle Sünden zu vergeben.

Bittet um Erbarmen für eure Familie

Bittet Gott: »Errette uns von der Sünde und dem Bösen!« (s. Mt. 6,13). Ihr könntet sagen: »Oh Herr, vergib uns unsere Sünden durch Deinen Sohn. Bezwinge unsere Missetaten durch Deinen Geist. Erlöse uns von der natürlichen Verfinsterung unseres eigenen Verstandes und von der Verderbtheit unserer eigenen Herzen. Befreie uns von den Versuchungen, denen wir heute ausgesetzt waren.«

Bittet Gott um zeitliches und geistliches Wohl. Betet um Seine Versorgung in Bezug auf jedes Bedürfnis im Alltagsleben. Betet um geistliche Segnungen. Betet darum, dass eure Seelen auf die Ewigkeit vorbereitet werden.

Denkt an die Bedürfnisse der Familie und legt Fürbitte ein für die Freunde der Familie. Vergesst nicht, in all diesen Bitten darum zu beten, dass der Wille Gottes geschehen möge. Aber lasst nicht zu, dass diese Unterordnung unter den Willen Gottes euch davon abhält, Gott anzuflehen. Fleht Ihn an, eure Bitten zu erhören. Bittet für alle Mitglieder eurer Familie auf eurer Reise zur Ewigkeit. Bittet für sie auf der Grundlage des Erbarmens Gottes,

Seiner Bundesbeziehung zu euch und des Opfers Christi.

Danken als Familie

Dankt dem Herrn für Essen und Trinken, für die Barmherzigkeit Seiner Vorsehung, für geistliche Möglichkeiten, für erhörte Gebete, für wiedererlangte Gesundheit und für die Befreiung vom Bösen. Bekennt: »Es sind Deine Gnadenbeweise, dass wir als Familie nicht gänzlich aufgerieben wurden« (s. Kla. 3,22). Erinnert euch daran, dass Gott Seine Gnade und Seinen Heiligen Geist nur denen geben wird, die Ihn mit aufrichtigem Verlangen beständig darum bitten und dafür dankbar sind.

Abschluss

Preist Gott dafür, wer Er ist und was Er getan hat. Bittet darum, dass Sein Reich, Seine Macht und Seine Herrlichkeit für immer offenbar werden. Schließt dann mit »Amen«, was bedeutet: »So soll es sein«.

Matthew Henry sagte, dass die morgendliche Familienandacht vor allem eine Zeit des Lobpreises und der Bitte um Kraft für den Tag und um den Segen Gottes für die Aktivitäten des Tages ist. Die Abendandacht sollte sich auf Dankbarkeit, bußfertige Überlegungen und demütige Bitten für die Nacht konzentrieren.

4. Zum Singen

Singt Psalmen und lehrmäßig gesunde Lieder

Es gibt keine Entschuldigung für das Singen lehrmäßiger Irrtümer, wie attraktiv die Melodie auch sein mag. Geistliche Lieder mit bibeltreuen Inhalt sind die reichste Goldmine für ein tiefes, lebendiges und erfahrungsbezogenes Christenleben – eine Goldmine, die uns heute noch zur Verfügung steht.

Singt einfache Lieder, wenn ihr kleine Kinder habt

Achtet bei der Auswahl der Lieder darauf, dass sie für Kinder leicht erlernbar und für deren Kenntnis besonders wichtig sind. Wählt Lieder, die die geistlichen Bedürfnisse eurer Kinder nach Buße, Glauben und Erneuerung des Herzens und des Lebens zum Ausdruck bringen; Lieder, die Gottes Liebe zu Seinem Volk und die Liebe Christi zu den

Lämmern Seiner Herde offenbaren; oder die sie an ihre Vorrechte und Pflichten des Bundes erinnern. Die Worte sollten einfach und klar sein, und die Melodie sollte leicht zu singen sein. Es gibt zum Beispiel Lieder, die auf dem Psalm 23 basieren. Der Text ist einfach genug für jedes Kind, das sprechen gelernt hat; es gibt nur fünf Wörter mit mehr als zwei Silben (wanderte, Todesschatten, bereitest, angesichts, immerdar). Auf Wörter wie Güte und Gnade sollte man vorher hinweisen und sie erklären. Vergesst nicht, den Kindern zu Beginn zu sagen, dass ein Hirte jemand ist, der sich um die Schafe kümmert, die ihm gehören und die er liebt! Es ist unklug, anzunehmen, dass solche Dinge an sich schon klar genug seien.

Singt von Herzen und mit Gefühl

In Kolosser 3,23 heißt es: *»Und alles, was ihr tut, das tut von Herzen, als für den Herrn und nicht für Menschen.«* Denkt über die Worte nach, die ihr singt. Besprecht gelegentlich eine gesungene Strophe.

NACH DER FAMILIENANDACHT

Wenn ihr euch zur Nachtruhe begebt, betet um den Segen Gottes für die Familienandacht. Ihr könnt auf diese Weise beten: »Herr, benutze die Unterweisung, um unsere Kinder zu retten und sie in der Gnade wachsen zu lassen, damit sie ihre Hoffnung auf Dich setzen mögen. Verwende unseren Lobpreis Deines Namens im Gesang, um Deinen Namen, Deinen Sohn und Deinen Geist in ihren unsterblichen Seelen zu verankern. Benutze unsere schwachen Gebete, um unsere Kinder zur Umkehr zu bringen. Herr Jesus Christus, belebe unsere Familie während dieser Zeit der Anbetung durch Dein Wort und Deinen Geist. Mache diese Zeit lebensspendend.«

4

Einwände gegen die Familienandacht

Manche Christen lehnen regelmäßige Familienandachten ab und führen folgende Gründe an:

Es gibt kein ausdrückliches Gebot in der Bibel, Familienandacht zu halten

Obwohl es kein ausdrückliches Gebot gibt, machen die zuvor zitierten Texte deutlich, dass Gott möchte, dass Familien Ihn täglich anbeten.

Unsere Familie hat keine Zeit für so etwas

Wenn ihr Zeit für Entspannung und Vergnügungen habt, aber keine Zeit für Familienandachten, dann denkt an 2. Timotheus 3,4-5, wo vor Menschen gewarnt wird, *»die … das Vergnügen mehr [lieben] als Gott; dabei haben sie den äußeren Schein von Gottesfurcht, deren Kraft aber verleugnen sie.«* Die Zeit, die wir von unseren familiären und geschäftlichen Aktivitäten abzweigen, um den Segen Gottes zu suchen, ist niemals vergeudet. Wenn wir das Wort Gottes ernst nehmen, werden wir sagen: »Ich kann es mir nicht leisten, Gott und Seinem Wort in meiner Familie keine Priorität einzuräumen.« Samuel Davies sagte einmal: »Wenn ihr nur für diese Welt geschaffen wärt, hätte dieser Einwand eine gewisse Kraft; aber wie seltsam klingt ein solcher Einwand aus dem Mund eines Erben der Ewigkeit! Wozu ist euch eure Zeit gegeben? Ist sie nicht in erster Linie dazu da, dass ihr euch auf die Ewigkeit vorbereitet? Und habt ihr keine Zeit für das, was die größte Aufgabe eures Lebens ist?«

Es gibt keine reguläre Zeit, in der alle von uns gemeinsam anwesend sein können

Wenn eure Zeitpläne miteinander kollidieren – vor allem, wenn ältere Kinder in der Schule sind –, solltet ihr euer Möglichstes tun. Sagt die Familienandacht nicht ab, wenn einige Kinder nicht zu Hause sind. Haltet eure Familienandacht, wenn die meisten Familienmitglieder anwesend sind. Wenn es zu Terminüberschneidungen kommt, sollte die Aktivität, die die Familienandacht gefährdet, wenn möglich geändert oder abgesagt werden.

Die Familienandacht sollte ein nicht verhandelbares Ereignis sein. Geschäfte, Hobbys, Sport und schulische Aktivitäten sind der Familienandacht untergeordnet.

Unsere Familie ist zu klein

Richard Baxter sagte, man brauche, um eine Familie zu gründen, nur einen, der regiert, und einen, der regiert wird. Für die Familienandacht braucht man nur zwei. Jesus sagte dementsprechend: *»Denn wo zwei oder drei in Meinem Namen versammelt sind, da bin Ich in ihrer Mitte«* (Mt. 18,20).

Unsere Familie ist zu vielfältig, als dass alle davon profitieren könnten

Erstellt einen Plan, der alle Altersgruppen abdeckt. Lest z. B. für die Kleinen ein paar Minuten aus einem biblischen Geschichtenbuch, wendet für die Älteren einen Vers aus den Sprüchen an, und lest ein oder zwei Seiten aus einem Buch für Teenager. Ein kluger Plan kann alle Altersunterschiede berücksichtigen.

Außerdem wirkt sich die unterschiedliche Altersstruktur der Kinder nur auf etwa ein Drittel der Familienandacht aus; sie hat keinen Einfluss auf das Beten und Singen. Alle Altersgruppen können gemeinsam singen und beten. Denkt auch daran, dass die biblische Unterweisung nicht direkt für alle Anwesenden gelten muss. Während ihr ältere Teenager unterweist, lernen die kleinen Kinder, still zu sitzen. Setzt jedoch ein Gespräch nicht zu lange fort, sonst verliert ihr das Interesse der Anwesenden. Wenn die Teenager damit weitermachen wollen, dann nehmt die Gesprächsrunde wieder auf, nachdem ihr das Gebet beendet und die jüngeren Kinder entlassen habt.

Während ihr die jüngeren Kinder unterweist, hören die älteren Teenager ebenfalls zu. Sie lernen auch durch euer Beispiel, wie sie jüngere Kinder unterweisen können. Wenn sie dann heiraten und Kinder haben, werden sie sich daran erinnern, wie ihr die Familienandacht geleitet habt.

Ich bin nicht gut darin, unsere Familie in der Andacht zu leiten

Hier sind ein paar Vorschläge.

1. Lest ein oder zwei Bücher über die Familienandacht, z. B. von Matthew Henry »Eine Familie mit Gott im Zentrum«, oder Jerry Marcellino »Der verlorene Schatz der Familienandacht«.

2. Bittet gottesfürchtige Pastoren und Väter um Rat und Anleitung. Bittet sie, euch zu besuchen und euch entweder zu zeigen, wie ihr Familienandachten leiten könnt,

oder zu beobachten, wie ihr es praktiziert, und euch Vorschläge zu machen.

3. Fangt einfach an. Ich gehe davon aus, dass ihr bereits miteinander in der Heiligen Schrift lest und betet. Wenn nicht, dann fangt damit an. Wenn ihr schon gemeinsam lest und betet, dann ergänzt den gelesenen Abschnitt mit ein oder zwei Fragen und singt ein paar Lieder. Fügt jede Woche ein oder zwei Minuten hinzu, bis ihr bei zwanzig Minuten angelangt seid. Eure Fähigkeiten werden sich durch Übung verbessern.

George Whitefield sagte demgemäß: »Wo das Herz die rechte Gesinnung hat, bedarf es keiner ungewöhnlichen Fähigkeiten, um die Familienandacht in einer würdigen und erbaulichen Weise durchzuführen.«

Am wichtigsten ist, dass ihr den Herrn bittet, euch durch Seinen Geist zu zeigen, wie es geht. Dann wird euer Mund aus der Fülle des Herzens reden. In Sprüche 16,23 heißt es: *»Wer ein weises Herz hat, spricht vernünftig und mehrt auf seinen Lippen die Belehrung.«*

Könnte es sein, dass unser wahres Problem bezüglich der Familienandacht nicht so sehr unsere Unfähigkeit zum Beten, Lesen und Lehren ist, sondern vielmehr unser Mangel an Verständnis für die erstaunlichen Verheißungen und die Macht, die Gott uns geschenkt hat, um unsere Kinder zu Seiner Verherrlichung zu formen?

Einige unserer Familienmitglieder wollen nicht daran teilnehmen

Es mag Häuser geben, in denen es schwierig ist, eine Familienandacht abzuhalten. Solche Fälle sind jedoch selten. Falls ihr schwierige Kinder habt, dann befolgt eine einfache Regel: Keine Schriftlesung, kein Singen und kein Beten bedeutet kein Essen. Sagt ihnen: »In diesem Haus wollen wir dem Herrn dienen. Wir alle können atmen, deshalb muss jeder in unserem Haus auf Gottes Wort hören.« Psalm 150,6 macht keine solche Ausnahme, auch nicht für unbekehrte Kinder. Dort heißt es: *»Alles, was Odem hat, lobe den HERRN! Halleluja!«*

Wir wollen nicht, dass unsere unbekehrten Kinder zu Heuchlern werden

Eine Sünde rechtfertigt nicht eine andere. Die Denkweise, die diesen Einwand hervorbringt, ist gefährlich. Ein unbekehrter Mensch kann sich niemals auf einen unbekehrten Zustand berufen, um seine Pflichten zu vernachlässigen. Ermutigt eure Kinder nicht dazu, diese Ausrede zu benutzen, um die Familienandacht zu meiden. Betont vielmehr, dass sie jedes Gnadenmittel nutzen müssen.

Ich kann nicht (so gut) singen

Ermutigt eure Kinder dazu, Klavier oder andere Instrumente spielen zu lernen. Oder hört und lernt Gemeindelieder, die es heute auf bibeltreuen Plattformen oder Kanälen gibt. Nehmt die Texte zur Hand und singt sie in der Familie immer wieder.[5]

---

5 Das Buch »Lieder, die das Christentum geprägt haben« von Leland Ryken wäre ein guter Anfang dafür. Alle Lieder des Buches wurden aufgenommen, sodass ihr sie ganz einfach online anhören und mitsingen könnt.

(www.voh-shop.de)

Die Reformatoren setzten sich sehr für den Einsatz von Musik ein. Luther sagte: »Wer die Gabe und vollkommene Weisheit Gottes nicht in Seinen wunderbaren Werken der Musik findet, ist wahrlich ein Dummkopf und nicht würdig, als ein Mensch betrachtet zu werden.« Und: »Musik ist ein reines Geschenk und eine Gabe Gottes; sie vertreibt den Teufel, sie macht die Leute fröhlich, und man vergisst über ihr alle Laster.«

5

Beweggründe für die Familienandacht

Jeder gottesfürchtige Vater und jede gottesfürchtige Mutter sollte aus den folgenden Gründen eine Familienandacht in ihrem Zuhause einrichten und pflegen:

Das ewige Wohlergehen ihrer Lieben

Gott gebraucht Mittel, um Seelen zu retten. Meistens gebraucht Er die Verkündigung Seines Wortes. Er kann aber auch die Familienandacht benutzen. So wie es eine Verbindung zwischen der Predigt und der Errettung von Seelen in der Versammlung gibt, so gibt es auch eine Verbindung zwischen der Familienandacht und der Errettung von Seelen. In Sprüche 22,6 heißt es: *»Gewöhne den Knaben an den Weg, den er gehen soll, so wird er nicht davon weichen, wenn er alt wird!«* Diese Regel hat sich seit Jahrhunderten bewährt. Ebenso heißt es in Psalm 78,5-7:

> *»Denn Er hat ein Zeugnis aufgerichtet in Jakob und ein Gesetz gegeben in Israel; und Er gebot unseren Vätern, es* [den Ruhm des Herrn, Seine Macht und Seine Wunder] *ihren Kindern zu verkünden, damit das spätere Geschlecht es wisse, die Kinder, die noch geboren werden sollten, damit auch sie aufständen und es ihren Kindern erzählten; damit diese auf Gott*

ihr Vertrauen setzten und die Taten Gottes nicht vergäßen und Seine Gebote befolgten.«

Wir kennen den geheimen Willen Gottes nicht, aber wir wissen, dass Gott sich an die Gnadenmittel bindet. Wir sind aufgerufen, in Hoffnung zu arbeiten und das Mittel der Familienandacht fleißig zu nutzen, damit unsere Kinder die wunderbaren Werke Gottes nicht vergessen. Wenn wir dagegen unsere Kinder sich selbst überlassen, so sagt die Heilige Schrift, dass sie uns Schande bereiten werden (s. Spr. 29,15).

Der Gedanke, dass die eigenen Kinder die Ewigkeit in der Hölle verbringen könnten, muss für alle gottesfürchtigen Eltern niederschmetternd sein. Stellt euch vor, ihr müsstet einst vor Gott bekennen, dass ihr euch nicht ernsthaft um die Seelen eurer Kinder bemüht habt. Es wäre furchtbar, bekennen zu müssen: »Ich habe zwar unseren Kindern aus der Bibel vorgelesen, aber ich habe nie mit ihnen darüber gesprochen; ich habe zwar gebetet, aber nie ernsthaft für ihre Seelen«!

Spurgeon erinnerte sich deutlich daran, wie seine Mutter unter Tränen für ihn betete: »Herr, Du weißt, wenn diese Gebete nicht durch die Bekehrung von Charles erhört werden, dann werden genau diese Gebete am Tag des Gerichts gegen ihn zeugen.« Spurgeon schrieb: »Der Gedanke, dass die Gebete meiner Mutter am Tag des Gerichts als Zeugnis gegen mich dienen würden, versetzte mein Herz in Schrecken.«

Ihr Väter, setzt alles daran, dass eure Kinder wie Brandscheite aus dem Feuer herausgerissen werden (s. Sach. 3,2)! Betet mit ihnen, belehrt sie, singt mit ihnen, weint über sie, ermahnt sie, fleht mit ihnen und für sie um ihre Errettung. Denkt daran, dass ihr bei jeder Familienandacht eure Kinder in die Gegenwart des Allerhöchsten führt. Bittet um die Gnade, den Segen des allmächtigen Gottes auf euer Haus herabzubringen.

Die Zufriedenheit eines guten Gewissens

Ryle sagte: »Ich appelliere an euch, ihr Väter, dass ihr euch alle Mühe gebt, eure Kinder an den Weg zu gewöhnen, den sie gehen sollen. Ich ermahne euch nicht nur um der Seelen eurer Kinder willen, sondern auch um eures eigenen zukünftigen Wohlergehens und Friedens willen. Wahrlich, euer eigenes Glück hängt in hohem Maße davon ab. Kinder haben die schmerzlichsten Tränen verursacht, die ein Mensch je zu vergießen hatte.« Es ist schwer genug, wenn Väter, die ihre Pflicht treu erfüllt haben, immer noch mit einem verlorenen Sohn oder einer verlorenen Tochter leben müssen. Aber wer erträgt den Vorwurf eines brennenden Gewissens, das uns verurteilt, weil wir sie nicht in der Furcht des Herrn erzogen haben? Welch eine Schande, wenn wir das Versprechen unserem Herrn gegenüber, unsere Kinder in der Furcht Gottes zu erziehen, nicht ernst genommen haben.

Wie viel besser ist es doch, wenn wir sagen können:

> »Lieber Sohn, wir haben dich das Wort Gottes gelehrt, wir haben um deine Seele gerungen, wir haben dir ein gottesfürchtiges Beispiel vorgelebt. Du hast bei uns nicht ein vollkommenes und sündloses Leben gesehen, dafür aber einen ungeheuchelten Glauben. Du weißt, dass wir zuerst nach dem Reich Gottes und Seiner Gerechtigkeit getrachtet haben. Dein Gewissen wird dir bezeugen, dass Christus das Zentrum dieses Hauses ist. Wir haben gemeinsam gesungen, gemeinsam gebetet und gemeinsam

> gesprochen. Wenn du dich von diesem Licht und diesen Vorrechten abwendest und darauf bestehst, deinen eigenen Weg zu gehen, dann können wir nur darum beten, dass all dein Bibelstudium, dein Beten und dein Singen sich am Tag des Jüngsten Gerichts nicht gegen dich erheben werden – und dass du zur Vernunft kommst, bevor es zu spät ist.«

Ryle sagte deshalb: »Glückselig ist der Vater, der mit Robert Bolton auf seinem Sterbebett zu seinen Kindern sagen kann: ›Ich glaube, dass nicht einer von euch es wagen wird, mir vor dem Richterstuhl Christi in einem nicht erretteten Zustand zu begegnen.‹ Wir müssen so leben und die Familienandacht so gestalten, dass unsere Kinder nicht einst sagen können: ›Ich bin an Händen und Füßen gefesselt und werde in die ewige Finsternis verstoßen wegen eurer elterlichen Nachlässigkeit, eurer Heuchelei, eurer Selbstgefälligkeit in Bezug auf die Sache Gottes. Vater, Mutter, warum wart ihr mir gegenüber nicht treu?!«

Unterstützung in der Kindererziehung

Die Familienandacht trägt dazu bei, die Harmonie in der Familie in Zeiten der Bedrängnis, der Krankheit und des Todes zu fördern. Sie bietet euch und euren Kindern eine bessere Schrifterkenntnis und Wachstum in der Gottesfurcht. Sie fördert die Weisheit, sich dem Leben zu stellen, die Aufgeschlossenheit, über wichtige Fragen zu sprechen, und sie fördert eine engere Beziehung zwischen dem Vater und seinen Kindern. Starke Bindungen, die in frühen Jahren in der Familienandacht geknüpft werden, können in den folgenden Jahren eine große Hilfe für Teenager sein. Wenn sie sich an die Gebete und die Familienandachten erinnern, werden sie möglicherweise vor vielen Sünden bewahrt. In Zeiten der Versuchung sagen sie sich vielleicht: »Wie könnte ich einen Vater beleidigen, der täglich um mich mit Gott ringt?!«

J.W. Alexander gibt den Ratschlag: »Lasst nur mal euer Kind in die Pubertät kommen, so werden all eure Bande sich als Spinnweben erweisen, wenn ihr euren Einfluss auf sie nicht durch das täglich wachsende Band der Familienandacht aufrechterhalten habt. Schaut euch unter den

Familien um, die sich zum Glauben an Christus bekennen, und beobachtet den Unterschied zwischen denen, die Gott anbeten, und denen, die Ihn nicht anbeten; und dann seht zu, dass ihr – wenn ihr eure Sprösslinge liebt und sie vor der Rebellion jener Söhne Elis, Hophni und Pinehas, bewahren möchtet – Familienandachten in eurem Haus einführt.«

Die Zeit ist kurz

»Denn was ist euer Leben? Es ist doch nur ein Dunst, der eine kleine Zeit sichtbar ist; danach aber verschwindet er« (Jak. 4,14). Die tägliche Unterweisung geschieht nur zwanzig Jahre oder weniger, und selbst diese Jahre sind nicht gewährleistet. Wir sollten die Familienandacht in dem Bewusstsein halten, wie kurz das Leben im Vergleich zur nie endenden Ewigkeit ist. Die Kinder werden diese Realität erahnen, wenn die Familienandacht mit Ernsthaftigkeit, Liebe, Herzlichkeit und Konsequenz durchgeführt wird.

Liebe zu Gott und zu Seiner Gemeinde

Gottesfürchtige Eltern möchten Gott verherrlichen und Seiner Gemeinde dienen. Sie wollen geistlich stabile Söhne und Töchter für die Gemeinde erziehen. Betet darum, dass eure Söhne und Töchter Säulen in der Gemeinde werden mögen. Glückselig sind die Eltern, die eines Tages ihre eigenen Söhne und Töchter in der Menge der Anbeter vor dem Thron Gottes erkennen können! Die Familienandacht ist die Grundlage für eine solche Zukunft.

Wir als Familienväter sind für die geistliche Erziehung unserer Familien verantwortlich. Wir müssen alles tun, was wir können, um die Familienandacht in unseren Häusern einzurichten und zu erhalten.

- Es wurden uns biblische Vorbilder bezüglich der Familienandacht geschenkt – wollen wir ihnen nicht folgen?
- Wenn Gott die Seelen von Geschöpfen, die nach Seinem Ebenbild erschaffen wurden, in unsere Häuser gebracht hat, wollen wir dann nicht alle unsere Fähigkeiten einsetzen, damit sich unsere Kinder in Anbetung vor Gott und Seinem Sohn Jesus Christus beugen?

- Wollen wir uns nicht bemühen, in unserem Haus eine christuszentrierte Haltung einzunehmen, wozu die Familienandacht so gut geeignet ist?
- Wollen wir die geistliche Förderung, ja die Ewigkeit unserer eigenen Familienmitglieder aufs Spiel setzen?

Regelmäßige Familienandachten werden unser Zuhause zu einem segensreicheren Ort zum Leben machen. Sie werden es harmonischer und heiliger machen. Sie werden uns helfen, Gott zu ehren. In 1. Samuel 2,30 heißt es: »*... wer Mich ehrt, den will Ich wieder ehren; wer Mich aber verachtet, der soll auch verachtet werden!*« Familienandachten werden uns Frieden in unseren Häusern bringen. Sie werden uns helfen, bibeltreue Gemeinden aufzubauen. Deshalb müssen wir mit Josua sagen können: *»Ich aber und mein Haus, wir wollen dem HERRN dienen!« (Jos. 24,15).* Wir wollen das Wort Gottes dazu verwenden, unsere Kinder zu unterweisen; wir wollen täglich Seinen Namen anrufen; wir wollen Sein Lob in Demut und Freude singen.

Wenn eure Kinder bereits erwachsen sind und das Haus verlassen haben, ist es noch nicht zu spät, Folgendes zu tun:

- **Betetet für sie.**
  Betet darum, dass Gott, der auch »auf krummen Linien gerade schreibt«, aus Bösem Gutes entstehen lassen möge.

- **Bekennt eure Sünde vor Gott und euren Kindern.**
  Gebt ihnen solide Literatur zum Thema Familienandacht.

- **Sprecht mit euren Enkeln und betet mit ihnen.**
  Tut das für sie, was ihr für eure Kinder nicht getan habt.

- **Beginnt die Familienandacht mit eurer Ehefrau.**
  Befolgt den Rat von James W. Alexander: »Flieht sofort mit eurer Familie zum Thron der Gnade.«

- **Lasst euch nicht entmutigen.**
  Gebt die Familienandacht nicht auf, egal was passiert! Fangt noch einmal von vorn an. Macht weiter. Seid realistisch. Erwartet keine Perfektion von euren Bemühungen oder den Reaktionen eurer Kinder. Eure ganze Vollkommenheit liegt in eurem großen Hohenpriester, der für euch eintritt und verheißen hat, den Gläubigen und ihren Nachkommen gnädig zu sein.

- **Fleht zum Herrn.**
  Bittet den Herrn, eure schwachen Bemühungen zu segnen und eure Kinder und Enkelkinder zu erretten. Bittet Ihn eindringlich, sie für alle Ewigkeit in Seine Arme zu nehmen! Möge Gott euch gnädig mit Seinem Geist beistehen, zum Wohl der Seelen, und um Seines Namens willen.

Anhang 1

DER LEITFADEN FÜR FAMILIENANDACHTEN[6]

Edinburgh, 24. August 1647

Anweisungen für die Stille Zeit und die gegenseitige Erbauung sowie für die Zurechtweisung derer, die die Familienandacht vernachlässigen

Alle Ältesten in jeder Gemeinde sollten besonders auf die Einhaltung und Befolgung dieser Anweisungen achten und, wenn nötig, zurechtweisen oder ermahnen. Damit diese Anweisungen nicht durch gewohnheitsmäßige Vernachlässigung der eigentlichen Pflicht zur Familienandacht bei manchen unwirksam und unbrauchbar werden, sollten

6 Dieser Artikel wurde gekürzt und an unsere Generation angepasst.

die Ältesten ihre Gemeinden sorgfältig prüfen und untersuchen, ob irgendeine Familie unter ihnen diese notwendige Pflicht gewohnheitsmäßig vernachlässigt. Wird eine solche Familie vorgefunden, so sollte der Familienvater zunächst unter vier Augen ermahnt werden, seinen Fehler zu beheben. Bleibt er nachlässig, so sollte er von zwei oder drei Zeugen ernstlich ermahnt werden. Vernachlässigt er dann immer noch die Familienandacht, so sollte er wegen seiner Verstocktheit bezüglich eines solchen Vergehens von der Teilnahme am Mahl des Herrn ausgeschlossen werden, da er zu Recht als unwürdig angesehen wird, daran teilzunehmen, bis er die Situation bereinigt hat.

WAHRUNG DER GEISTLICHEN EINHEIT UND WARNUNG VOR SPALTUNG UND TRENNUNG

Neben dem öffentlichen Gottesdienst in den Gemeinden, der in diesem Land durch Gottes Gnade frei gefeiert werden kann, ist es zweckmäßig und notwendig, die persönliche Stille Zeit jedes einzelnen und die Familienandacht zu fördern und einzuführen, damit die biblische Lehre und die Gottesfurcht in unseren Familien gefördert werden.

Persönliche Stille Zeit

Erstens ist es für die persönliche Stille Zeit höchst notwendig, dass sich jeder allein und für sich selbst dem Gebet und der Bibellesung widmet. Der unaussprechliche Nutzen davon ist denjenigen am besten bekannt, die in diesem Bereich die meiste Übung haben. Die persönliche Stille Zeit ist das Mittel, durch das in besonderer Weise die Gemeinschaft mit Gott aufrechterhalten und die rechte Vorbereitung für alle anderen Pflichten erreicht wird. Deshalb ist es nicht nur wichtig, dass die Ältesten ihre Gemeindeglieder dazu anhalten, diese Pflicht morgens und abends und bei anderen Gelegenheiten zu erfüllen; es obliegt auch den Familienvätern, dafür zu sorgen, dass sie und alle, die ihnen anvertraut sind, täglich diesem fleißig nachkommen.

Familienandacht

Die gewöhnlichen Pflichten, die zur praktischen Ausübung der biblischen Lehre und Gottesfurcht gehören und die sich ergeben sollten, wenn die Familien sich zu diesem Zweck versammeln, sind folgende:

1. Gebet und Lobpreis mit besonderem Bezug auf den offensichtlichen Zustand der Gemeinde Gottes und Seines Reiches sowie auf den gegenwärtigen Zustand der Familie und jedes ihrer Mitglieder.

2. Als Nächstes wird die Heilige Schrift gelesen, in einfacher Weise erklärt und durch Fragen und Antworten vertieft, so dass auch die jüngeren Kinder die Schriftlesung besser verstehen können. Es sollte auch ein gottgefälliges und aufbauendes familiäres Gespräch stattfinden, in dem alle Familienmitglieder in ihrem allerheiligsten Glauben erbaut werden und das, wenn nötig, auch Ermahnungen und Zurechtweisungen durch diejenigen einschließt, die in der Familie Autorität haben.

3. Es ist lobenswert, wenn die Familie anschließend das Gelesene bespricht und es sinnvoll

anwendet. Wenn sich die Lesung zum Beispiel auf den Tadel bezüglich einer Sünde bezieht, dann kann dieser Teil dazu verwendet werden, die ganze Familie auf diese Art von Sünde aufmerksam zu machen. Bezieht sich die Schriftlesung auf ein angedrohtes oder verhängtes Gericht, kann sie dazu dienen, die ganze Familie in Furcht zu versetzen, dass das gleiche oder ein noch schlimmeres Gericht über sie hereinbrechen könnte, wenn sie die Sünde, die das Gericht verursacht hat, nicht meidet. Wenn schließlich eine Pflicht verlangt oder ein Trost in einer Verheißung in Aussicht gestellt wird, können die Familienmitglieder dazu angehalten werden, Christus um Kraft zur Erfüllung der befohlenen Pflicht zu bitten und den angebotenen Trost anzuwenden. Bei alledem hat der Familienvater die Aufgabe, das Gespräch zu leiten, und jedes Familienmitglied kann Fragen stellen oder ein Problem zur Sprache bringen, damit es mit Hilfe der Schrift gelöst werden kann.

4. Der Familienvater sollte darauf achten, dass sich kein Familienmitglied von irgendeinem Teil der Familienandacht zurückzieht. Da die ordnungsgemäße Durchführung aller Teile der Familienandacht dem Familienvater anvertraut ist, sollten die Ältesten nachlässige Väter aufrütteln und schwache Väter anleiten, damit sie für diese Aufgaben tauglich werden. Manchmal ist es auch notwendig, dass Älteste oder vorbildliche Männer der Gemeinde einigen Familien bei der Durchführung der Familienandacht helfen. Und in anderen Familien, in denen der Familienvater ungeeignet ist oder in denen es keinen gibt, kann die Mutter oder ein anderer reifer Christ diesen Dienst übernehmen.

5. Am Sonntag – dem Tag des Herrn – sollte das Familienoberhaupt, nachdem die ganze Familie miteinander den Herrn im Gebet gesucht und Ihn gebeten hat, sie auf den öffentlichen Gottesdienst vorzubereiten und sie durch das gepredigte Wort und die Gemeinschaft zu segnen, dafür sorgen, dass

alle, die ihm anvertraut sind, zum öffentlichen Gottesdienst mitgehen. Nach dem Morgen- oder Abendgottesdienst sollte die Familie sich Zeit für geistliche Gespräche über das gehörte Wort Gottes nehmen. Oder die Familienglieder sollten sich individuell dem Lesen, Nachsinnen und dem persönlichen Gebet widmen, um ihre Gemeinschaft mit Gott zu festigen und zu vertiefen, damit der Gewinn, den sie aus den öffentlichen Gottesdiensten gezogen haben, erhalten und gefördert wird und sie noch mehr zum ewigen Leben erbaut werden.

6. Alle Wiedergeborenen sollten sich dem Gebet widmen und von dieser Gabe Gottes reichlich Gebrauch machen. Der Herr hat allen Seinen Kindern den Geist des Gebetes in einem gewissen Maß geschenkt, je nach ihren täglichen Bedürfnissen. Sie sollten eifriger und häufiger im persönlichen Gebet vor Gott stehen, damit ihre Herzen fähig werden, Ihm angemessene Bitten für ihre persönlichen Nöte, für die der Familie und der Gemeinde vorzulegen. Sie sollten über

die folgenden Gebetsanliegen nachdenken und sie zu ihrer größeren Ermutigung gebrauchen:

- Sie sollten vor Gott bekennen, wie unwürdig sie sind, in Seine Gegenwart zu treten, und wie unfähig, Seine Majestät anzubeten; deshalb sollten sie Gott ernsthaft um den Geist der Gnade und des Gebets bitten (s. Sach. 12,10).

- Sie sollten ihre Sünden und die Sünden der Familie bekennen und sich selbst dafür anklagen, verurteilen und verdammen, bis sie ihre Seele zu einem gewissen Grad an wahrer Demütigung bringen.

- Sie sollten ihre Seele vor Gott ausschütten, im Namen Christi, durch den Geist, um Vergebung der Sünden zu erlangen, Gnade zur Umkehr, zum Glauben und zu einem nüchternen, gerechten und gottesfürchtigen Leben, damit sie Gott mit Freude dienen und vor Ihm wandeln können.

- Sie sollten Gott danken für Seine großen Gnadenbeweise an Seinem Volk und an ihnen selbst, besonders aber für Seine Liebe in Christus und für das Licht des Evangeliums.

- Sie sollten um besondere Wohltaten – geistliche wie auch zeitliche – bitten, die sie zu dieser Zeit (sei es am Morgen oder am Abend) brauchen, sei es in Bezug auf Gesundheit oder Krankheit, Wohlstand oder Unglück.

- Sie sollten beten für die Gemeinde Jesu im Allgemeinen, für alle bibeltreuen Gemeinden und für ihre eigene Gemeinde im Besonderen, für alle, die um des Namens Christi und des Evangeliums willen leiden, für unsere Obrigkeit und den Frieden im Land, für die Ältesten und alle Gemeindeglieder, für die Kranken, Witwen und Waisen.

- Das Gebet kann mit dem ernsten Wunsch abgeschlossen werden, dass Gott durch die Ausbreitung Seines Reiches und die Erfüllung Seines Willens verherrlicht werden möge, und mit der Gewissheit, dass sie selbst angenommen sind und dass das, was sie Seinem Willen gemäß erbeten haben, geschehen wird.

7. Dies sollte mit großer Aufrichtigkeit und ohne Rücksicht auf Alltagsgeschäfte oder Hindernisse erfüllt werden, trotz des Spottes der Gottlosen, angesichts der großen Barmherzigkeit Gottes für dieses Land und der strengen Zucht, mit der Er uns in letzter Zeit gezüchtigt hat. Und in diesem Sinne sollten alle Ältesten der Gemeinde nicht nur sich selbst und ihre Familien zum Fleiß in dieser Sache anhalten, sondern auch dafür sorgen, dass in allen anderen Familien der Gemeinde, für die sie Verantwortung tragen, die oben genannten Pflichten gewissenhaft erfüllt werden.

8. Da das Wort Gottes von uns verlangt, dass wir *»aufeinander achtgeben, damit wir uns gegenseitig anspornen zur Liebe und zu guten Werken«*

(Hebr. 10,24), so soll jedes Gemeindemitglied zu allen Zeiten – besonders aber in dieser Zeit, da die Gesetzlosigkeit überhandnimmt und es die Spötter, die ihren eigenen Lüsten nachgehen, befremdet, dass andere nicht mit ihnen *»[mitlaufen] in denselben heillosen Schlamm« (1.Pt. 4,4)* – sich selbst und einander durch Belehrung, Ermahnung und Zurechtweisung zu den Pflichten der gegenseitigen Erbauung anspornen. Die Gemeindeglieder sollten einander ermahnen, die heilbringende Gnade Gottes offenbar zu machen, indem sie *»die Gottlosigkeit und die weltlichen Begierden verleugnen und besonnen und gerecht und gottesfürchtig leben in der jetzigen Weltzeit« (Tit. 2,12)*.

Sie sollen die Schwachen trösten und sowohl miteinander als auch füreinander beten. Diese Pflichten sollten sie bei jeder Gelegenheit erfüllen, wenn sie in Unglück oder großer Not sind oder wenn sie Rat oder Trost suchen. Sie sollten diese Pflichten erfüllen, wenn ein Ungehorsamer zurechtgewiesen werden muss, und wenn das nicht genügt, sollten ein oder zwei andere an der Ermahnung teilnehmen, wie es der Herr geboten hat, damit durch den Mund von zwei oder drei Zeugen jedes Wort bestätigt wird.

9. Weil es nicht jedermann gegeben ist, ein Wort zur rechten Zeit zu einem ermüdeten oder bedrängten Gewissen zu sprechen, ist es in diesem Fall zweckmäßig, dass jemand, der keine Erleichterung findet, Rat bei den Ältesten der Gemeinde oder einem erfahrenen Christen sucht.

Der Zweck und die Tragweite all dieser Anweisungen ist zum einen, dass das Evangelium und die Gottesfurcht unter allen Gemeindegliedern gepflegt und gefördert und alle Gottlosigkeit bekämpft wird. Und andererseits, dass unter dem Namen und Vorwand der christlichen Gemeinschaft keine Haltungen zugelassen werden, die Irrtum, Ärgernis, Spaltung, Missachtung der Anordnungen der Ältesten, Vernachlässigung der Pflichten oder andere Übel hervorrufen können, die Werke des Fleisches und nicht des Geistes sind und der Wahrheit und dem Frieden widersprechen.

Anhang 2

JOHN PATON VERLÄSST SEINE HEIMAT

Für den Fall, dass ihr immer noch an der Auswirkung der Familienandachten zweifelt, und um Väter zu ermutigen, die sich in der Leitung der Familienandacht engagieren, möchte ich euch die Geschichte von John Paton erzählen, als er von zu Hause wegging. Er verließ sein Zuhause, um die Schule zu besuchen und von dort aus als Missionar zu Kannibalen zu gehen. Paton schreibt:

> Mein lieber Vater begleitete mich auf den ersten zehn Kilometern des Weges. Seine Ratschläge, seine Tränen und sein wundervolles, ewigkeitsbezogenes Gespräch auf dieser Abschiedsreise liegen mir noch so frisch auf meinem Herzen, als wäre es erst gestern gewesen; und die Tränen laufen mir heute wie damals über die Wangen, wann immer mich die Erinnerung an diese Szene packt. Den letzten halben Kilometer gingen wir gemeinsam

in fast ununterbrochenem Schweigen, wobei mein Vater, wie es oft seine Gewohnheit war, den Hut in der Hand trug ... Seine Lippen bewegten sich in stillem Gebet, und seine Tränen flossen schnell, wenn sich unsere Blicke trafen, für die es keine Worte gibt! Am verabredeten Ort des Abschieds blieben wir stehen; er hielt meine Hand eine Minute lang schweigend fest und sagte dann liebevoll: »Gott segne dich, mein Sohn! Der Gott deines Vaters behüte dich und bewahre dich vor allem Bösen!«

Unfähig, mehr zu sagen, bewegten sich seine Lippen in stillem Gebet; unter Tränen umarmten wir uns und trennten uns. Ich lief so schnell ich konnte davon, und als ich um eine Straßenecke bog, wo er mich aus den Augen verlieren würde, blickte ich zurück und sah ihn noch immer mit entblößtem Haupt dort stehen, wo ich ihn zurückgelassen hatte, und mir nachblicken. Ich winkte zum Abschied mit dem Hut und war im Nu um die Ecke gebogen. Aber mein Herz war zu voll und schmerzte, um noch weiter zu gehen, und so flüchtete ich mich an den Straßenrand und weinte eine Zeit lang. Dann erhob ich mich vorsichtig und kletterte auf den Deich, um zu sehen, ob er immer noch dort stand, wo ich ihn verlassen hatte; und gerade in diesem Augenblick sah ich auch ihn auf den Deich klettern und nach mir Ausschau halten! Er sah mich nicht, und nachdem er eine Weile sehnsüchtig in meine Richtung geblickt hatte, stieg er herab, richtete sein Gesicht in Richtung Heimat und machte sich auf den Rückweg – das Haupt noch immer unbedeckt, und sein Herz – dessen war ich mir sicher – erhob sich noch immer im Gebet für mich.

Ich sah ihm unter Tränen nach, bis seine Gestalt meinem Blick entschwunden war; dann eilte ich weiter und gelobte aus tiefster Seele und oftmals, mit der Hilfe Gottes so zu leben und zu handeln, dass ich niemals einen solchen Vater und eine solche Mutter, die Er mir geschenkt hatte, betrüben oder entehren wollte. Die Erscheinung meines Vaters, als wir uns trennten – sein Rat, seine Gebete und seine Tränen, der Weg, der Deich, das Hinaufklettern darauf und dann der anschließende Weg, das Haupt unbedeckt – standen mir im Laufe meines Lebens so oft lebhaft vor Augen, und sie tun es jetzt, während ich schreibe, als wäre es erst eine Stunde her. Vor allem in meinen jungen Jahren, als ich vielen Versuchungen ausgesetzt war, kam mir seine Gestalt zum Abschied als Warnung und Ermutigung in den Sinn. Es ist kein Pharisäertum, sondern tiefe Dankbarkeit, die mich hier bezeugen lässt, dass die Erinnerung an diese Szene nicht nur dazu beigetragen hat, mich durch die Gnade Gottes von mancher Sünde fernzuhalten, sondern mich auch in allen meinen Aufgaben angespornt hat, nicht hinter seinen Hoffnungen zurückzubleiben und in allen meinen christlichen Pflichten seinem leuchtenden Beispiel treu zu folgen.

Was motivierte John Paton, seinem Vater und dessen vorbildlichem Glauben zu folgen? Paton antwortet:

Wie sehr mich die Gebete meines Vaters in dieser Zeit beeindruckt haben, kann ich weder erklären, noch könnte es ein Fremder verstehen. Als er auf den Knien lag und wir alle beim Familiengebet um ihn herum knieten und miterlebten, wie er sich unter Tränen für die Bekehrung

> der gottlosen Welt, für die Missionsarbeit und für jede persönliche und familiäre Not einsetzte, fühlten wir uns alle gleichsam in der Gegenwart des lebendigen Herrn und lernten Ihn als unseren göttlichen Freund kennen und lieben.
>
> Wenn wir uns von den Knien erhoben, schaute ich in das strahlende Gesicht meines Vaters und wünschte mir, ich wäre im Geiste wie er – während ich hoffte, dass ich als Antwort auf seine Gebete das Privileg und die Bereitschaft erhalten würde, das Evangelium in einen Teil der heidnischen Welt zu tragen.

Wundert es euch noch, dass John Paton – unter dem Einfluss eines solchen Vaters – bereit war, zu den Kannibalen zu gehen? Seine Frau und sein Kind starben auf dem Missionsfeld, wo er sie im Sand vergrub und auf ihren Gräbern schlief, um ihre Leiber vor den Kannibalen zu schützen. Oh, welche Macht liegt doch in der gottesfürchtigen Familienandacht!

Wie kann man ein glückliches Zuhause haben? Wie können wir unseren Kindern in einer Welt, die der Ordnung Gottes für eine Familie feindlich gegenübersteht, eine solide Grundlage vermitteln?

Matthew Henry beschreibt in diesem Buch die Schönheit einer Familie, in der Gott im Zentrum steht, die Ihn anbetet und für Ihn lebt, einander liebt und füreinander betet. Henry appelliert besonders an Familienväter, dass sie ihre großartige Pflicht und Verantwortung wahrnehmen, ihre Familie in der Gottesfurcht zu leiten, als solche, die darüber Rechenschaft ablegen müssen. Dann erklärt er, was eine christliche Familie ausmacht, und zeigt einige Motive für eine Familie mit Gott im Zentrum auf. Und schlussendlich gibt Henry wertvolle Ratschläge für eine von Gott gesegnete Familie.

Dieses Buch ist eine Ermutigung insbesondere für Väter, aber auch für junge Männer, aus ihrem Zuhause ein gesundes geistliches Umfeld zu machen. Abgesehen von dem wertvollen Inhalt macht auch das hochwertige Design das Buch zu etwas Besonderem.

In der heutigen Welt ist die Familie – einst das Fundament unserer Gesellschaft – zu einem Ort der Unsicherheit und des Konflikts geworden. Die biblische Ehe und Familie wird pervertiert und lächerlich gemacht, und die Einheit in den Familien zerbricht immer mehr. Und wir fragen uns:

Wie können wir eine gesunde und gut funktionierende Familie aufbauen?

Welche Werte sollten wir unseren Kindern vermitteln, damit sie ein tragfähiges Fundament für ihre Zukunft haben?

Wie sieht eine biblische Eltern-Kind-Beziehung aus?

Martyn Lloyd-Jones wendet sich gegen unbiblisches Denken, das in viele christliche Familien eingedrungen ist, und lädt Eltern und Kinder, Verheiratete und Unverheiratete ein, die biblischen Prinzipien für die Familie neu zu entdecken, die eigenen Grundsätze an der Heiligen Schrift zu überprüfen und, wo es nötig ist, zu korrigieren.

In der heutigen Welt ist die Familie – einst das Fundament unserer Gesellschaft – zu einem Ort der Unsicherheit und des Konflikts geworden. Die biblische Ehe und Familie wird pervertiert und lächerlich gemacht, und die Einheit in den Familien zerbricht immer mehr. Und wir fragen uns:

Wie können wir eine gesunde und gut funktionierende Familie aufbauen?

Welche Werte sollten wir unseren Kindern vermitteln, damit sie ein tragfähiges Fundament für ihre Zukunft haben?

Wie sieht eine biblische Eltern-Kind-Beziehung aus?

Martyn Lloyd-Jones wendet sich gegen unbiblisches Denken, das in viele christliche Familien eingedrungen ist, und lädt Eltern und Kinder, Verheiratete und Unverheiratete ein, die biblischen Prinzipien für die Familie neu zu entdecken, die eigenen Grundsätze an der Heiligen Schrift zu überprüfen und, wo es nötig ist, zu korrigieren.

*Wir sind aufgerufen,
in Hoffnung zu arbeiten und
das Mittel der Familienandacht
fleißig zu nutzen, damit unsere
Kinder die wunderbaren Werke
Gottes nicht vergessen. Wenn
wir dagegen unsere Kinder sich
selbst überlassen, so sagt die
Heilige Schrift, dass sie uns
Schande bereiten werden.*

– Joel Beeke